Die Schaffung der "Rinde"... Die Kraft ist da! Ein Leitfaden zur Individuellen Kraft und Bewussten Union für eine Positive Zukunft

Vorwort

Willkommen zu einer Reise der inneren und kollektiven Erkundung, einem Weg durch die Macht der individuellen Kraft und die Kunst der bewussten Union. In diesem Buch, betitelt "Die Schaffung der 'Rinde'... Die Kraft ist da!", werden wir uns in tiefe und transformative Konzepte vertiefen, die darauf abzielen, den Weg zu einer positiven Zukunft zu erleuchten.

Die Schlüsselphilosophie, die diese Erkundung leitet, ist im Spruch "Die Schaffung der 'Rinde'... Die Kraft ist da!" eingefangen. Eine Perspektive, die nicht nur die traditionelle Auffassung von Kraft, die aus Einheit entsteht, herausfordert, sondern eine tiefere Wahrheit offenbart: die Kraft liegt bereits in uns. Die Einheit, wenn sie von positiven Prinzipien geleitet wird, wird zur "Rinde", die die Zukunft

der positiven Schöpfung schützt
und bewahrt.

Diese Seiten sind eine Einladung,
die in Ihnen liegende Kraft zu
erkunden, um erleuchtete
Entscheidungen zu treffen, die
nicht nur Ihr persönliches
Schicksal formen, sondern auch
zum Gemeinwohl beitragen.
Jedes Kapitel ist ein Mosaikstein
des Wissens, eine Gelegenheit
zur Reflexion und zum Wachstum.

Von der Anerkennung der
individuellen Kraft bis zur
konstruktiven Kritik am
Volksmund "Einigkeit macht
stark", von der Vertiefung des
Konzepts der Kraft als bewusste
Wahl bis zur Bewusstwerdung der
Gefahren negativer Aggregation
bietet dieses Buch eine
reichhaltige Reise an Einsichten
für die persönliche und kollektive
Transformation.

Durch die Schönheit der positiven
Union, die Analyse der mentalen

Mafia und der destruktiven
Emotionen sowie die Verteidigung
der individuellen Kraft gegen
negative Aggregationen werden
wir erforschen, wie jeder Einzelne
zur Schaffung einer positiveren
Gesellschaft beitragen kann.

Die Transformation negativer
Energie gemäß der argentinischen
Philosophie, die Schaffung der
"Rinde", die die Zukunft schützt,
und Strategien zur Verteidigung
gegen Angriffe negativer
Aggregationen sind wesentliche
Schritte auf dem vorgeschlagenen
Weg.

Wir schließen unsere Reise mit
einer Einladung ab, zu erkennen,
dass Kraft eine Reise und kein
Ziel ist. Jede Wahl, jede Handlung
trägt zum Gewebe unserer
persönlichen und kollektiven
Geschichte bei. Die Kraft ist in
Ihnen, bereit, Sie zu einer
positiven Zukunft zu führen.

Nehmen Sie dieses Buch nicht nur als Leitfaden, sondern als Reisebegleiter. Möge jede Seite eine Quelle der Inspiration, ein Aufruf zum Handeln und eine Erinnerung daran sein, dass Kraft eine angeborene Gabe ist, die, wenn sie bewusst kultiviert wird, den Weg zu einem Zukunft von Wachstum, Wohlstand und Gemeinwohl erhellt.

Gute Reise!

Federico Carminati, Autor

Kapitel 1: Einführung - Die Kunst der Individuellen Kraft

Im weitreichenden Theater des Lebens ist jedes Individuum dazu aufgerufen, seine eigene Rolle mit einer einzigartigen und unverwechselbaren Kraft zu spielen. Das Wesen dieser Kraft liegt in der Selbstbewusstheit und in der Fähigkeit, erleuchtete Entscheidungen zu treffen, wodurch das eigene Dasein in ein sich ständig entwickelndes Kunstwerk verwandelt wird.

Die Kraft als Individueller Ausdruck:

In einer Welt, die oft von Hektik und äußeren Druck geprägt ist, ist es grundlegend, das innewohnende Potenzial jedes Einzelnen zu erkennen. Die individuelle Kraft ist nicht nur ein Merkmal, sondern vielmehr eine Gelegenheit, sich selbst auf

einzigartige und authentische
Weise auszudrücken.
Es ist die Kunst, das eigene
Schicksal durch bedachte
Entscheidungen, entschlossene
Handlungen und positive
Ergebnisse zu formen.

Die Entwicklung der Kraft durch Bewusste Entscheidungen:

Die individuelle Kraft nährt sich
aus bewussten Entscheidungen.
Jede Entscheidung, groß oder
klein, ist ein Pinselstrich, der das
Bild unserer Existenz malt. Indem
wir die Macht unserer
Entscheidungen erkennen, sind
wir in der Lage, unseren Weg auf
eine Weise zu gestalten, die
unsere Authentizität widerspiegelt
und uns zu einer tieferen Erfüllung
führt.

Die Kunst der Entschlossenen Handlungen:

Handlungen sind das Mittel,
durch welches die individuelle

Kraft ihre greifbare Ausdruck in
der Welt findet.
Herausforderungen mit
Entschlossenheit zu begegnen,
Ziele mit Leidenschaft zu
verfolgen und entschlossen zu
handeln, sind die Pinselstriche,
die die charakteristischen Züge
unseres persönlichen Kunstwerks
kreieren. Jede positive Handlung
trägt zu einem Anwachsen der
Kraft bei, die unser Leben
durchdringt.

**Positive Ergebnisse: Die
Manifestation der Kraft:**

Die individuelle Kraft erreicht ihren
Höhepunkt in den positiven
Ergebnissen, die wir erzielen. Die
Verwirklichung von Zielen, die
Schaffung bedeutender
Auswirkungen und der Aufbau
gesunder Beziehungen sind
greifbare Zeugnisse der Kraft, die
durch uns fließt. Diese Ergebnisse
bereichern nicht nur unser Leben,
sondern erleuchten auch den
Weg für andere.

Die Einladung zur Kunst der Individuellen Kraft:

Dieses Buch ist eine Einladung zu einer persönlichen Entdeckungsreise, um die eigene Kraft als eine sich ständig entwickelnde Kunstform zu erkennen. Durch die Erforschung von Konzepten, Geschichten und praktischen Beispielen tauchen wir tief in die Welt der individuellen Bewusstheit ein und öffnen die Türen zur Schaffung eines einzigartigen Meisterwerks.

Wir bereiten uns darauf vor, die Geheimnisse der Kunst der individuellen Kraft zu enthüllen, denn jede Seite dieses Buches wird eine weiße Leinwand sein, auf der wir unseren einzigartigen und unverwechselbaren Weg auf der Suche nach der inneren Kraft malen.

Kapitel 2: Die Täuschung des Volksmunds: "Einigkeit macht stark"

In der reichen Sammlung volkstümlicher Sprichwörter, die unsere Wahrnehmung der Realität geformt haben, ist kaum eines so tief in unserer Kultur verwurzelt wie das alte Sprichwort "Einigkeit macht stark". Doch hinter seiner scheinbaren Weisheit verbirgt sich eine Täuschung, die zu schädlichen Ergebnissen führen kann, wenn die Einheit nicht von positiven und edlen Prinzipien geleitet wird.

Die Traditionelle Sichtweise: Eine Edle und Konstruktive Union:

Wir beginnen mit der Anerkennung der positiven Seite dieses Volksmunds. Die Idee, Kräfte zu bündeln, um

gemeinsame Herausforderungen
zu bewältigen, Gemeinschaften
zu bilden und gemeinsam für das
Gemeinwohl zu arbeiten, ist an
sich gültig. Doch wie jede
zweischneidige Klinge kann die
Kraft der Einheit verzerrt werden,
wenn sie nicht von positiven
Prinzipien geleitet wird.

**Die Täuschung der Negativen
Aggregation: Mentale Mafia und
Destruktive Emotionen:**

Einheit ist nicht automatisch
gleichbedeutend mit positiver
Kraft. In vielen Kontexten kann
sich negative Aggregation in Form
einer "mentalen Mafia"
manifestieren, wo Gruppen von
Individuen sich
zusammenschließen, nicht um
edle Ziele zu verfolgen, sondern
um destruktive Emotionen wie
Neid, Wut und Eifersucht zu
nähren. Auf diese Weise wird die
Einheit zu einer Waffe gegen
diejenigen, die sich durch ihre
Intelligenz oder ihren Erfolg

auszeichnen, und schafft eine negative Spirale schädlicher Verhaltensweisen.

Das Risiko der Homogenisierung: Der Verlust der Individualität:

Eine weitere heimtückische Falle der nicht von positiven Prinzipien geleiteten Union ist die Homogenisierung.

Wenn sich Individuen vereinen, ohne ihre eigene Individualität und Denkautonomie zu bewahren, kann dies zum Verlust der Einzigartigkeit führen, die sie auszeichnet. Dieses Phänomen kann zu einer Art "Gruppendenken" führen, das Kreativität und Innovation unterdrückt.

Lektion aus der Bösen Union: Wenn Einheit Zerstörerisch ist:

Wir betrachten historische und zeitgenössische Beispiele, in denen die Einheit als Werkzeug der Zerstörung eingesetzt wurde. Von Sekten mit einheitlicher Denkweise bis hin zu kriminellen Organisationen zeigen diese Fälle, wie eine Einheit ohne positive Prinzipien zu einer dunklen Kraft werden kann, die Stabilität und Wohlergehen untergräbt.

Die Neue Interpretation: Die Union mit Edlen Prinzipien Leiten:

Wir müssen den Volksmund umschreiben, um ihn an eine vollständigere und positivere Sichtweise anzupassen: "Die Schaffung der 'Rinde'... Die Kraft ist da!" Dies deutet darauf hin, dass die Kraft bereits in jedem Individuum vorhanden ist, und die Union kann zu einer schützenden Rinde werden, wenn sie von edlen Prinzipien geleitet wird. Die Union muss eine Waffe für das Gute, nicht für das Böse sein.

Anleitung zur Reflexion: Die Individuelle Kraft als Voraussetzung für die Union:

Wir schließen das Kapitel mit einer Einladung an die Leser, über ihre individuelle Kraft zu reflektieren, bevor sie die Union mit anderen suchen. Nur Individuen, die sich ihrer eigenen Kraft bewusst sind, können zu einer positiven und konstruktiven Union beitragen. Die individuelle Kraft muss der Union vorausgehen und sie leiten, um so eine solide Basis für die Schaffung einer besseren Welt zu bilden.

In diesem Kapitel haben wir über die Oberfläche des Volksmunds hinausgeschaut und die dunklen Nuancen einer Union ohne edle Prinzipien enthüllt. Die wahre Kraft liegt nicht allein in der Union, sondern in der Bewusstheit und der Führung durch positive Prinzipien, die die Aggregation in eine konstruktive

und für alle vorteilhafte Kraft
verwandeln können.

Kapitel 3: Die Kraft als Bewusste Entscheidung: Die Macht des Bewusstseins

Die wahre Kraft, die jeden Aspekt unseres Lebens durchdringt, liegt in der Erleuchtung des Bewusstseins. In diesem Kapitel werden wir erforschen, wie das Selbstbewusstsein das Fundament bildet, auf dem die individuelle Kraft entsteht, und wie es unsere täglichen Entscheidungen in ein Kunstwerk verwandelt, das den Weg unseres Lebens prägt.

Das Bewusstsein als Schlüssel zum Verständnis des Lebens:

Stellen wir uns das Bewusstsein als durchdringendes Licht vor, das die Schatten der Unwissenheit vertreibt. Es

ermöglicht uns, in uns selbst zu blicken, unsere Gedanken, unsere Emotionen
und unsere Handlungen mit einer Klarheit zu verstehen, die über die Oberfläche hinausgeht. Das Bewusstsein ist der Schlüssel zum Verständnis des Lebens, ein Leuchtturm, der jeden Winkel unseres Seins erhellt.

Die Eigene Innere Kraft Erkennen:

Das Selbstbewusstsein ist der erste Schritt, um die in jedem von uns liegende Kraft zu erkennen. Es ist die Fähigkeit, ohne zu urteilen zu beobachten, unsere Schwächen zu akzeptieren und gleichzeitig unsere verborgenen Potenziale zu erkennen. Wenn wir uns unserer inneren Kraft bewusst werden, können wir beginnen, unser Schicksal mit erleuchteten Entscheidungen zu gestalten.

Intentionale Wahl: Die Kunst der Erleuchteten Entscheidungen:

Kraft ist nicht nur ein statisches Merkmal; sie ist dynamisch und manifestiert sich durch die Entscheidungen, die wir jeden Tag treffen. Erleuchtete Entscheidungen sind jene, die mit Absicht und Bewusstsein getroffen werden. Anstatt impulsiv oder reaktiv zu handeln, nähern wir uns Entscheidungen mit bedachter Aufmerksamkeit, indem wir die Konsequenzen und Auswirkungen auf unser Leben und das der anderen bedenken.

Die Kraft der Resilienz: Akzeptieren und Wachsen:

Das Bewusstsein verleiht uns die Fähigkeit, Herausforderungen mit Resilienz zu begegnen. Wenn wir unsere Fähigkeiten und Grenzen vollständig verstehen, sind wir in der Lage, Widrigkeiten zu akzeptieren, ohne zu unterliegen. Resilienz ist ein greifbarer

Ausdruck innerer Kraft, da sie es uns ermöglicht, die Prüfungen des Lebens in Wachstumschancen umzuwandeln.

Authentizität als Ausdruck der Kraft:

Das Bewusstsein leitet uns auch zur Authentizität. Wahrhaftig mit sich selbst zu sein, erfordert ein tiefes Bewusstsein unserer Überzeugungen, Werte und Bestrebungen. Wenn wir im Einklang mit unserer Authentizität leben, werden wir zu einer unwiderstehlichen Kraft, die positiv auf andere und die Welt um uns herum wirkt.

Praktizieren der Achtsamkeit: Das Training der Inneren Kraft:

Das Bewusstsein kann durch die Praxis der Achtsamkeit kultiviert werden. Sie lehrt uns, im gegenwärtigen Moment zu leben, uns unserer Erfahrungen bewusst

zu sein, ohne von der
Vergangenheit überwältigt oder
um die Zukunft besorgt zu sein.
Achtsamkeit ist ein Training für die
innere Kraft, die uns hilft, Ruhe,
Klarheit und Weisheit in den
komplexesten Situationen zu
bewahren.

**Schlussfolgerung: Den Weg der
Kraft Erleuchten:**

Abschließend findet die
individuelle Kraft ihre Wurzeln im
Selbstbewusstsein. Dieses
Kapitel ist eine Einladung, die
Macht des Bewusstseins zu
erforschen, die innere Kraft zu
erkennen, die bereits in jedem
von uns existiert. Nur durch
erleuchtete Entscheidungen,
getroffen mit Absicht und
Bewusstsein, können wir unser
Leben in ein ständig sich
entwickelndes Meisterwerk
verwandeln, genährt vom
strahlenden Licht unserer inneren
Kraft.

Kapitel 4: Die Gefahr der Negativen Aggregation: Mentale Mafia und Destruktive Emotionen

Bei der Analyse der negativen Aggregation betreten wir ein komplexes und oft dunkles Territorium, wo die Verbindungen zwischen Individuen sich in eine zerstörerische Kraft verwandeln können. In diesem Kapitel werden wir genau untersuchen, wie negative Aggregation, angetrieben von destruktiven Emotionen, schädliches Verhalten hervorrufen kann, was zur Bildung einer so genannten "mentalen Mafia" führt.

Die Bildung der Mentalen Mafia: Ein Dunkler Pakt:

Negative Aggregation beginnt mit Individuen, die negative

Emotionen wie Neid, Wut oder Groll teilen. Diese Emotionen werden zum Klebstoff, der die Gruppe zusammenhält und eine "mentale Mafia" bildet. In diesem dunklen Pakt konvergieren die Individuen, um ein gemeinsames Ziel zu verfolgen: jemanden oder etwas zu schädigen, zu unterdrücken oder zu zerstören, das sie als Bedrohung empfinden.

Destruktive Emotionen als Treibstoff:

Destruktive Emotionen wie Neid und Wut dienen als Treibstoff für die negative Aggregation. Neid kann sich in einen krankhaften Wunsch verwandeln, andere zu erniedrigen, während Wut ein Katalysator für rachsüchtige Handlungen wird. Diese Emotionen, kollektiv kultiviert, speisen die Maschinerie der "mentalen Mafia" und machen sie zunehmend mächtiger in der Verfolgung ihrer destruktiven Ziele.

Der Teufelskreis des Kollektiven Geistes:

Negative Aggregation erzeugt einen Teufelskreis innerhalb der "mentalen Mafia". Die Individuen teilen und verstärken ihre destruktiven Emotionen durch ständige Kommunikation und Interaktion. Die Gruppe wird zu einem Nährboden für die Entwicklung von bösartigen Ideen und Plänen, die den destruktiven Zyklus weiter anheizen.

Die Resonanz der Negativen Emotionen:

Negative Aggregation erzeugt eine Resonanz negativer Emotionen innerhalb der Gruppe. Die Emotionen verstärken sich durch gegenseitiges Feedback und verwandeln sich in eine explosive Kraft, die die Handlungen des Kollektivs leitet. Der kollektive Geist nährt sich von diesen Emotionen und treibt die

Gruppe zu immer schädlicheren
Verhaltensweisen.

Die Rolle der Gruppenidentität:

Die Gruppenidentität innerhalb
der "mentalen Mafia" wird zu
einem Schlüsselelement. Die
Individuen verstärken ihre
Zugehörigkeit zur Gruppe, indem
sie sich immer mehr mit dem
gemeinsamen Ziel identifizieren.
Diese Gruppenidentität kann die
Individualität überlagern und zu
einer kollektiven Blindheit
gegenüber den moralischen
Konsequenzen des eigenen
Handelns führen.

**Die Folgen der Negativen
Aggregation: Zerstörung und
Leid:**

Negative Aggregation, die sich zu
einer "mentalen Mafia" entwickelt,
führt unweigerlich zu
zerstörerischen Konsequenzen.
Das gemeinsame Ziel der Gruppe
kann sich in schädlichen Aktionen

gegen Individuen, Organisationen oder als feindlich betrachtete Ideen manifestieren. Diese Handlungen können Leid verursachen, den Ruf zerstören und die soziale Stabilität gefährden.

Strategien zur Verteidigung: Den Zyklus der Negativen Aggregation Brechen:

Wir schließen mit der Erkundung von Verteidigungsstrategien gegen die negative Aggregation ab. Diese Strategien umfassen die Förderung der individuellen emotionalen Bewusstheit, die Ausbildung im Umgang mit destruktiven Emotionen und die Schaffung von Gemeinschaften, die auf positiven Werten basieren. Das Brechen des Zyklus der negativen Aggregation erfordert ein kollektives Engagement, um Bewusstsein zu fördern und eine Kultur gegenseitigen Respekts aufzubauen.

In diesem Kapitel haben wir die Tiefe der Gefahr, die mit der negativen Aggregation verbunden ist, untersucht und gezeigt, wie destruktive Emotionen und Gruppenidentität zu schädlichem Verhalten führen können. Das Verständnis dieser komplexen Dynamik ist entscheidend, um wirksame Verteidigungsmechanismen zu entwickeln und eine Gesellschaft zu fördern, die auf positiver Zusammenarbeit statt auf gegenseitiger Zerstörung basiert.

Kapitel 5: Die Schönheit der Positiven Union: Edle Entscheidungen und Gemeinsame Ziele

In einer Welt, die oft von Spannungen und Konflikten geprägt ist, tritt der positive Aspekt der Aggregation hervor, wenn er von edlen Werten und gemeinsamen Zielen geleitet wird. In diesem Kapitel werden wir die Schönheit der positiven Union erkunden, indem wir analysieren, wie erleuchtete Entscheidungen und altruistische Absichten eine auf Kooperation basierende Zukunft formen können, die zum Gemeinwohl beiträgt.

Die Leitung durch Edle Werte:

Positive Union beginnt mit der Leitung durch edle Werte. Wenn sich Individuen mit Respekt, Integrität und Empathie als

Grundlage vereinen, wird die Aggregation zu einem Fahrzeug für Fortschritt und Wachstum. Die Schönheit der Union liegt im Aufbau von Beziehungen, die auf gegenseitigem Vertrauen und der Teilung ethischer Prinzipien beruhen.

Erleuchtete Entscheidungen: Eine sich Entwickelnde Kunst:

Positive Union manifestiert sich durch erleuchtete Entscheidungen, bei denen jede Entscheidung von Bewusstsein und Verantwortung durchdrungen ist. Erleuchtete Entscheidungen spiegeln die Schönheit von Individuen wider, die, während sie ihre Individualität bewahren, für das Gemeinwohl zusammenarbeiten. Jede Entscheidung wird zu einem Kunstwerk in Entwicklung, geformt durch das Bewusstsein der Auswirkungen auf die Gemeinschaft und die Welt.

Die Harmonie Gemeinsamer Ziele:

Die Schönheit der positiven Union
entfaltet sich, wenn Individuen
sich gemeinsamen Zielen
zuwenden. Diese Ziele sind nicht
egoistisch oder auf das
Individuum beschränkt, sondern
zielen auf kollektive
Verbesserungen ab. Die Harmonie
gemeinsamer Ziele schafft eine
Symphonie koordinierter
Aktionen, die zum Gemeinwohl
beitragen und die Lebensqualität
für alle erhöhen.

Die Schönheit des Altruistischen Beitrags:

Die positive Union findet ihren
höchsten Ausdruck im
altruistischen Beitrag. Wenn sich
Individuen vereinen, um anderen
zu dienen, ohne eine
Gegenleistung zu erwarten, öffnet
sich der Weg zu einer tiefen und
bedeutungsvollen Schönheit.
Dieser altruistische Geist schafft

ein soziales Gewebe, in dem
Freundlichkeit, Solidarität und
Mitgefühl zu Leitsternen werden.

**Der Kollektive Nutzen: Eine
Botschaft der Hoffnung:**

Positive Union schafft einen
Kreislauf kollektiver Vorteile. Wenn
sich Individuen vereinen, um
positive Ziele zu verfolgen,
spiegeln sich die Ergebnisse in
einer greifbaren Verbesserung der
Lebensqualität für alle wider. Dies
ist eine Botschaft der Hoffnung,
die die Möglichkeit aufzeigt, eine
Zukunft zu bauen, in der
Aggregation ein Synonym für
Fortschritt und Wohlbefinden ist.

**Die Kraft der Diversität in der
Positiven Union:**

Wir erkunden, wie Diversität,
wenn sie positiv angenommen
wird, zu einer Kraft in der Union
wird. Die Schönheit der positiven
Aggregation entfaltet sich
vollständig, wenn sich Individuen

mit unterschiedlichen
Perspektiven vereinen, wodurch
eine Vielfalt von Ideen, Kulturen
und Fähigkeiten eingebracht wird.
Diese Vielfalt wird zum
Lebenssaft, der Innovation und
Entwicklung nährt.

**Herausforderungen und
Strategien für eine Dauerhafte
Positive Union:**

Wir stellen die Herausforderungen
vor, die auch in der positiven
Union entstehen können, und
schlagen Strategien vor, um sie zu
überwinden. Das Bewusstsein für
potenzielle Herausforderungen,
wie Konfliktmanagement und die
Wahrung der Individualität, ist
entscheidend, um eine dauerhafte
und bedeutungsvolle positive
Union zu gewährleisten.

Schlussfolgerungen: Die Schönheit einer Welt Vereint für das Gemeinwohl:

Wir schließen dieses Kapitel mit einem Blick auf die Schönheit einer Welt, in der die Union von edlen Entscheidungen und gemeinsamen Zielen geleitet wird. Die Schönheit liegt in der Kunst, eine Zukunft zu schaffen, in der positive Aggregation ein Leuchtfeuer der Hoffnung und eine Gelegenheit ist, eine bessere Welt für die gegenwärtigen und zukünftigen Generationen zu bauen.

Durch die Erforschung der Schönheit der positiven Union nähern wir uns einem Bild des Zusammenlebens, das auf Kooperation, Liebe und Altruismus basiert, wo die Kraft der Aggregation zu einer Kraft für das Gemeinwohl wird.

Kapitel 6: Die Verteidigung der Individuellen Stärke: Widerstand gegen Negative Aggregation

Auf dem Lebensweg stehen Individuen oft Herausforderungen gegenüber, die von negativen Aggregationen herrühren. In diesem Kapitel werden wir Strategien zur Verteidigung der individuellen Stärke erkunden und den guten Menschen die notwendigen Werkzeuge an die Hand geben, um den Angriffen negativer Aggregationen zu widerstehen und negative Energie in eine positive Kraft umzuwandeln.

Das Verständnis der Dynamik Negativer Aggregationen:

Der erste Schritt zur Verteidigung der individuellen Stärke ist das

Verständnis der Dynamik negativer Aggregationen. Wir werden analysieren, wie böswillige Individuen sich zusammenschließen, um schädliche Ziele zu verfolgen, und wie diese Aggregationen das Leben positiver Menschen negativ beeinflussen können. Bewusstsein ist die Basis, auf der eine effektive Verteidigung aufgebaut wird.

Stärkung der Inneren Kraft:

Die Verteidigung der individuellen Stärke beginnt mit der Stärkung der inneren Kraft. Gute Menschen müssen ein tiefes Bewusstsein ihrer Fähigkeiten, Werte und Ziele entwickeln. Dieser Prozess der Selbsterkenntnis liefert eine solide Grundlage, um externen negativen Einflüssen standzuhalten und die eigene Identität und Integrität zu bewahren.

Entwicklung einer Resilienten Mentalität:

Resilienz ist eine der mächtigsten Waffen in der Verteidigung gegen negative Aggregation. Wir werden erforschen, wie man eine resiliente Mentalität entwickelt, die es Individuen ermöglicht, Herausforderungen zu begegnen, ohne zu unterliegen. Resilienz hilft, Schwierigkeiten in Wachstumschancen umzuwandeln und die individuelle Stärke auch in schwierigsten Zeiten intakt zu halten.

Umgang mit Negativen Emotionen: Energie Umwandeln:

Negative Emotionen können wie Pfeile von negativen Aggregationen sein. Wir werden Strategien untersuchen, um diese Emotionen gesund und transformativ zu verarbeiten. Die Umwandlung negativer Energie in Positives ist ein Akt des

Widerstands und der
Selbstverteidigung, der es guten
Menschen ermöglicht, ihre
geistige Klarheit und Seelenstärke
zu bewahren.

**Nein Sagen Können: Gesunde
Grenzen Setzen:**

Die Verteidigung der individuellen
Stärke erfordert die Fähigkeit,
Nein zu sagen, wenn es
notwendig ist. Wir erforschen die
Kunst, gesunde Grenzen zu
setzen, und erkennen, wann eine
Beteiligung an einer Aggregation
schädlich sein könnte. Klare
Grenzen zu setzen, ist wesentlich,
um die eigene Integrität zu
bewahren und die individuelle
Stärke zu schützen.

**Positiven Support Suchen:
Gesunde Allianzen Bilden:**

Individuelle Stärke findet
Unterstützung in positiver
Aggregation. Wir werden
untersuchen, wie die Suche nach

Unterstützung von positiven Individuen und der Aufbau gesunder Allianzen die Widerstandsfähigkeit gegen negative Aggregationen stärken kann. Die Vereinigung mit Menschen, die ähnliche Werte teilen, schafft einen Schutzschild gegen schädliche Einflüsse.

Sich über Manipulative Taktiken Informieren: Wachsam und Vorbereitet Sein:

Effektive Verteidigung erfordert Kenntnisse über die manipulativen Taktiken, die von negativen Aggregationen verwendet werden. Gute Menschen müssen wachsam und vorbereitet sein, indem sie sich über manipulative Strategien informieren. Bewusstsein ist die erste Verteidigungslinie gegen Angriffe, die darauf abzielen, die individuelle Stärke zu untergraben.

Mitgefühl als Schild Kultivieren:

Mitgefühl ist ein mächtiger Schild gegen die Aggression negativer Aggregationen. Wir werden erforschen, wie die Kultivierung von Mitgefühl gegenüber sich selbst und anderen negative Energie neutralisieren kann, indem sie in einen Motor der Verbindung und Heilung umgewandelt wird. Mitgefühl ist eine Kraft, die die individuelle Stärke erhöht und sie immun gegen negative Absichten macht.

Schlussfolgerungen: Eine Wachsame Verteidigung der Individuellen Stärke:

Abschließend ist die Verteidigung der individuellen Stärke ein kontinuierlicher und bewusster Prozess. Gute Menschen müssen wachsam, vorbereitet und engagiert sein, um eine Kraft zu kultivieren, die vor schädlichen Einflüssen geschützt ist. Dieses Kapitel bietet ein Arsenal an

Strategien, um der negativen
Aggregation zu widerstehen und
Herausforderungen in
Wachstumschancen und die
Bestätigung der eigenen
individuellen Stärke
umzuwandeln.

Kapitel 7: Die Umwandlung Negativer Energie: Aus etwas Schlechtem etwas Gutes machen

In der argentinischen Kultur gibt es eine mächtige und weise Philosophie, die sagt "Algo malo, in algo bueno", was sich übersetzt in "Aus etwas Schlechtem etwas Gutes machen." In diesem Kapitel werden wir tief in diese Philosophie eintauchen und wie die Umwandlung negativer Energie zu langfristigen Siegen führen kann. Wir werden Strategien entdecken, um diesen Ansatz im täglichen Leben anzuwenden.

Das Verständnis der Essenz von "Algo malo, in algo bueno":

Der Kern dieser Philosophie liegt in der Fähigkeit, negative Erfahrungen in Wachstumschancen und positive Veränderungen umzuwandeln. Wir beginnen mit einer detaillierten Untersuchung, wie die argentinische Perspektive unsere täglichen Handlungen beeinflussen kann, indem sie uns ermutigt, über anfängliche Widrigkeiten hinauszuschauen.

Die Kraft der Optimistischen Perspektive:

Die optimistische Perspektive ist ein entscheidender Ausgangspunkt für die Umwandlung negativer Energie. Wir untersuchen, wie man eine Haltung entwickelt, die selbst in Herausforderungen das Potenzial für etwas Positives sieht. Das bedeutet nicht, die Realität zu leugnen, sondern vielmehr einen

Filter zu verwenden, der es uns ermöglicht, positive Lehren aus schwierigen Situationen zu ziehen.

Kreativität beim Bewältigen von Widrigkeiten:

Wir erforschen, wie Kreativität eine wertvolle Ressource in der Umwandlung negativer Energie sein kann. Der kreative Ansatz ermöglicht es uns, innovative Lösungen für Probleme zu finden und Hindernisse in Chancen umzuwandeln. Kreativität wird so zu einem mächtigen Verbündeten im Transformationsprozess.

Resilienz als Grundlage der Transformation:

Resilienz ist ein Schlüsselelement bei der Bewältigung negativer Energie und deren Umwandlung in etwas Positives. Wir analysieren, wie die Entwicklung von Resilienz wesentlich ist, um Widrigkeiten zu überwinden, und wie diese Haltung zu langfristigen Siegen führen kann. Resilienz ist die Flexibilität, die es uns ermöglicht, uns zu biegen, aber nicht zu brechen, wenn wir mit Schwierigkeiten konfrontiert werden.

Die Macht der Reflexion:

Die argentinische Philosophie legt nahe, dass das Reflektieren über negative Erfahrungen ein wesentlicher Schritt bei der Umwandlung von Energie ist. Wir erkunden, wie tiefe Reflexion über schwierige Umstände uns helfen kann, uns selbst besser zu verstehen, die gelernten Lektionen zu schätzen und aus Herausforderungen Nutzen zu ziehen.

Die Langfristige Vision:

Eine der mächtigsten Eigenschaften von "Algo malo, in algo bueno" ist ihre Verbindung mit einer langfristigen Sichtweise.

Wir analysieren, wie diese Perspektive unsere täglichen Handlungen leiten kann, indem sie uns ermutigt, uns nicht nur auf die unmittelbare Niederlage zu konzentrieren, sondern vielmehr auf den langfristigen Sieg, der aus der Umwandlung negativer Energie entstehen kann.

Konkrete Strategien für die Transformation:

Wir bieten konkrete Strategien an, um die argentinische Philosophie im täglichen Leben umzusetzen. Diese Strategien umfassen Achtsamkeitspraktiken, Stressbewältigungstechniken und einen proaktiven Ansatz, um auch in schwierigen Situationen Wachstumschancen zu suchen.

Erfolgsgeschichten: Inspirierende Transformationen:

Wir schließen das Kapitel mit Erfolgsgeschichten ab, die zeigen, wie Einzelpersonen anscheinend negative Situationen in positive Ergebnisse umgewandelt haben. Diese Geschichten dienen als Inspiration und zeigen das transformative Potenzial der Philosophie "Algo malo, in algo bueno."

Durch die tiefe Erforschung der argentinischen Philosophie lernen wir, dass die Umwandlung negativer Energie eine offene Perspektive, Kreativität, Resilienz und eine langfristige Vision erfordert. Dieser Ansatz hilft uns nicht nur, Widrigkeiten zu überwinden, sondern führt uns auch zu langfristigen Siegen, die aus dem Akt der Umwandlung negativer Energie in etwas Gutes entstehen.

Kapitel 8: Die Schaffung der Schutzschicht: Den Zukunftsraum Positiver Kreation Schützen

Nun treten wir in die entscheidende Phase unserer Erkundung ein, in der wir uns mit der Frage befassen, wie kraftbewusste Individuen sich zusammenschließen können, um eine schützende "Schutzschicht" zu schaffen und so die Zukunft ihrer positiven Schöpfung zu sichern. Wir werden untersuchen, wie diese "Schutzschicht" als Bollwerk gegen negative Einflüsse fungieren und die positive Wirkung kollektiver Aktionen bewahren kann.

Das Bewusstsein für die Individuelle Kraft:

Wir beginnen mit der Bedeutung des Bewusstseins für die individuelle Kraft. Die Menschen müssen ihre inhärente Kraft erkennen und umarmen, und verstehen, wie ihre Entscheidungen, Aktionen und Ergebnisse nicht nur ihr eigenes Leben, sondern auch das größere soziale Gefüge beeinflussen. Dieses Bewusstsein bildet die Grundlage für den Aufbau der schützenden "Schutzschicht".

Die Bewusste Vereinigung für Edle Ziele:

Die bewusste Aggregation sollte von edlen Zielen geleitet werden. Wir erkunden, wie kraftbewusste Individuen sich absichtlich zusammenschließen können, indem sie Aggregationspartner sorgfältig auswählen und eine gemeinsame Vision teilen. Diese bewusste Vereinigung ist die erste

Schicht der "Schutzschicht", die
die positive Kreation schützen
wird.

Teilen Ethischer Prinzipien:

Die schützende "Schutzschicht"
wird durch das Teilen solider
ethischer Prinzipien verstärkt. Die
Individuen müssen sich
verpflichten, Werten wie Integrität,
Güte und Verantwortung zu
folgen. Diese Prinzipien werden
zum Zement, der die
"Schutzschicht" zusammenhält
und ihre Widerstandsfähigkeit
gegen äußere negative Drücke
sicherstellt.

Offene und Konstruktive Kommunikation:

Wir untersuchen die
entscheidende Rolle offener und
konstruktiver Kommunikation
innerhalb der schützenden
"Schutzschicht". Die Menschen
müssen in der Lage sein, Ideen,
Bedenken und Ziele klar und

respektvoll auszudrücken. Eine effektive Kommunikation ist ein Schlüsselelement für den Aufbau einer starken und widerstandsfähigen "Schutzschicht".

Kultivierung der Kollektiven Resilienz:

Die kollektive Resilienz ist ein grundlegendes Element zum Schutz der Zukunft der positiven Kreation. Wir erkunden, wie die Individuen innerhalb der "Schutzschicht" einander in schwierigen Zeiten unterstützen können, indem sie gelernte Lektionen teilen und Herausforderungen in Wachstumschancen umwandeln. Die kollektive Resilienz ist das Bindegewebe, das die "Schutzschicht" intakt hält.

Anpassungsfähigkeit an die Komplexität des Kontextes:

Die Schaffung der "Schutzschicht" muss an die Komplexität des umgebenden Kontextes anpassbar sein. Die Menschen müssen in der Lage sein, ihre Schutzstrategien zu überprüfen und an Veränderungen und neue Herausforderungen anzupassen. Die Anpassungsfähigkeit ist ein Schlüsselelement, um sicherzustellen, dass die "Schutzschicht" im Laufe der Zeit wirksam bleibt.

Wertschätzung der Vielfalt:

Wir erforschen, wie die Wertschätzung der Vielfalt zur Festigkeit der "Schutzschicht" beitragen kann. Die Vielfalt der Perspektiven, Fähigkeiten und Erfahrungen bereichert die "Schutzschicht", macht sie widerstandsfähiger und befähigt sie, eine Vielzahl von Situationen

zu bewältigen. Die Wertschätzung
der Vielfalt ist eine Investition in
die Robustheit des Schutzes.

**Nachhaltigkeit im Laufe der
Zeit:**

Die "Schutzschicht" muss im
Laufe der Zeit nachhaltig sein.
Kraftbewusste Individuen müssen
sich engagieren, um die
"Schutzschicht" über die Zeit zu
erhalten und zu stärken, und
sicherstellen, dass sie den
positiven Schöpfungsraum
langfristig schützt. Dies erfordert
ständiges Engagement und
gemeinsame Wachsamkeit.

**Der Positive Beitrag zur
Gesellschaft:**

Schließlich erforschen wir, wie die
"Schutzschicht" nicht nur den
positiven Schöpfungsraum der
beteiligten Individuen schützen,
sondern auch positiv zur breiteren
Gesellschaft beitragen kann. Die
"Schutzschicht" kann zu einem

Leuchtturm der Inspiration werden, der zeigt, wie eine bewusste Vereinigung zu dauerhaften und weitreichenden Vorteilen führen kann.

Schlussfolgerungen: Die "Schutzschicht" als Hüter des Gemeinwohls:

Wir schließen dieses Kapitel mit einer Reflexion über die "Schutzschicht" als Element, das das Gemeinwohl bewahrt. Die Schaffung und Erhaltung dieser "Schutzschicht" erfordern Engagement, Bewusstsein und kollektive Aktionen. Wenn kraftbewusste Individuen sich zusammenschließen, um diese "Schutzschicht" zu bauen, werden sie zu Hütern des Gemeinwohls.

Kapitel 9: Schlussfolgerungen: Die Kraft ist in Dir

Wir erreichen den Kern unserer Reise, wo wir die grundlegenden Konzepte festigen und die Leser dazu inspirieren, die in ihnen liegende Kraft zu erkennen und zu kultivieren. In dieser letzten Phase werden wir untersuchen, wie jedes Individuum Entscheidungen treffen kann, die zum Gemeinwohl beitragen und so eine positive Zukunft gestalten.

Zusammenfassung der Schlüsselkonzepte:

• Bewusste Individuelle Kraft: Wir haben die individuelle Kraft als Ergebnis bewusster Entscheidungen, Handlungen und positiver Ergebnisse erforscht und dabei die Bedeutung des Selbstbewusstseins und der Fähigkeit, aufgeklärte

Entscheidungen zu treffen,
betont.

• Die Täuschung des
Volksspruchs: Wir haben das
Sprichwort "In der Einheit liegt die
Stärke" kritisch untersucht und
erkannt, dass die Aggregation in
positiven Kontexten und unter
edlen Zielen stattfinden muss, um
negative Konsequenzen zu
vermeiden.

• Kraft als Bewusste Wahl: Wir
haben das Konzept vertieft, dass
wahre Kraft in der
Selbstbewusstheit und der
Fähigkeit liegt, bewusste
Entscheidungen zu treffen, und so
den Weg zu authentischer Stärke
beleuchtet.

• Gefahr der Negativen
Aggregation: Wir haben
analysiert, wie negative
Aggregation zu zerstörerischem
Verhalten führen kann, wie z.B.
einer mentalen Mafia und
negativen Emotionen, und die

Notwendigkeit betont, sich gegen solche Einflüsse zu verteidigen.

• Schönheit der Positiven Einheit: Wir haben erforscht, wie die von edlen Werten und gemeinsamen Zielen geleitete Vereinigung positiv sein kann, zum Gemeinwohl beiträgt und eine "Schutzschicht" schafft, die die positive Kreation schützt.

• Verteidigung der Individuellen Kraft: Wir haben Strategien angeboten, um sich gegen Angriffe negativer Aggregationen zu verteidigen, negative Energie in positive umzuwandeln und die individuelle Stärke intakt zu halten.

• Transformation Negativer Energie: Wir haben die argentinische Philosophie vertieft, negative Energie in positive umzuwandeln, und erforscht, wie dieser Ansatz zu langfristigen Siegen führen kann.

• Schaffung der Schutzschicht:
Wir haben diskutiert, wie
kraftbewusste Individuen sich
zusammenschließen können, um
eine "Schutzschicht" zu schaffen,
die die Zukunft ihrer positiven
Kreation schützt, und die
grundlegenden Prinzipien ihrer
Bildung untersucht.

Ermutigung zur Entdeckung der
Inneren Kraft:

Der Abschluss dieser Reise ist
eine Einladung an jeden Leser, die
in sich liegende Kraft zu
erforschen. Kraft ist kein
Geschenk für wenige, sondern ein
inhärentes Potenzial in jedem von
uns. Wir ermutigen die Leser, in
sich selbst zu schauen, ihre
eigenen Fähigkeiten zu erkennen,
aufgeklärte Entscheidungen zu
treffen und positive Ergebnisse
anzustreben.

Entscheidungen treffen, die zum Gemeinwohl beitragen:

Individuelle Kraft bekommt Bedeutung, wenn unsere Handlungen zum Gemeinwohl beitragen. Jede Entscheidung, groß oder klein, hat eine Auswirkung. Wir ermutigen die Leser, darüber nachzudenken, wie ihre täglichen Handlungen einen positiven Beitrag zur Welt um sie herum leisten können.

Unterstützung und Inspiration für Andere:

Individuelle Kraft kann ansteckend sein. Wir ermutigen die Leser, ihre Kraft mit anderen zu teilen, diejenigen zu unterstützen, die sie brauchen, und eine Quelle der Inspiration zu sein. So verbreitet sich die Kraft und schafft ein Netz der Positivität, das die größere Gemeinschaft umfasst.

Kultivierung von Bewusstsein und Resilienz:

Selbstbewusstsein und Resilienz sind die Schlüssel zur Aufrechterhaltung und Kultivierung der inneren Kraft. Wir laden die Leser ein, Achtsamkeit zu praktizieren, Herausforderungen mit Resilienz zu begegnen und aus Erfahrungen zu lernen, um so eine Kraft zu formen, die mit der Zeit wächst.

Kraft ist eine Reise, kein Ziel:

Wir erinnern die Leser daran, dass Kraft eine kontinuierliche Reise ist, kein Ziel. Jeder Tag bietet neue Möglichkeiten, die innere Kraft zu entwickeln und zum Gemeinwohl beizutragen. Wir sind die Autoren unserer eigenen Geschichte, und die Kraft ist der Stift, mit dem wir unseren Weg schreiben.

Eine Einladung, Agenten des Positiven Wandels zu sein:

Wir schließen dieses Kapitel und unser Buch mit einer Einladung ab, Agenten des positiven Wandels zu sein. Jede Entscheidung, jede Handlung kann ein Schritt in Richtung einer besseren Zukunft sein. Möge sich jeder Leser berufen fühlen, die Kraft in sich zu erforschen und zum Gemeinwohl beizutragen, und so zu einem leuchtenden Leuchtfeuer in der Weite des Universums werden, das wir alle teilen. Die Kraft ist in dir, bereit, deinen Weg zu erhellen.

Schlussfolgerung: Den Weg der Kraft erleuchten

Wir sind am Ende unserer Reise durch die individuelle Kraft und die bewusste Einheit angekommen. In diesen Seiten haben wir die tiefe Wahrheit erkundet, dass "Die Einheit die Schutzschicht bildet... Die Kraft ist da!" und entdeckt, wie jeder von uns das Potenzial hat, zu einer positiven Zukunft beizutragen.

Die Macht Ihrer Inneren Kraft:

Erinnern Sie sich immer daran, dass Kraft ein innewohnendes Geschenk ist, ein Licht, das in Ihnen wohnt. Jede Wahl, jede Handlung kann von dieser inneren Kraft geleitet werden und Ihren persönlichen Weg formen.

**Die Schönheit der Positiven
Einheit:**

Wir haben erkundet, wie die
Einheit eine positive Kraft sein
kann, wenn sie von edlen Werten
geleitet wird. Die "Schutzschicht",
die sich durch diese Einheit bildet,
wird zum Hüter des Gemeinwohls
und schützt die Zukunft unserer
positiven Schöpfung.

Verteidigen und Transformieren:

Sie haben gelernt, sich gegen die
Angriffe negativer Aggregationen
zu verteidigen und negative
Energie in einen Motor positiven
Wandels umzuwandeln. Diese
Fähigkeit zur Transformation ist
eine Ihrer größten Stärken.

Aufruf zum Handeln:

Nun liegt der Aufruf zum Handeln
bei Ihnen. Reflektieren Sie über
das Gelernte und integrieren Sie
diese Konzepte in Ihr tägliches
Leben. Seien Sie sich Ihrer

Entscheidungen bewusst, vereinen Sie sich mit denen, die edle Werte teilen, und tragen Sie zum Gemeinwohl bei.

Die Reise der Kraft ist ein fortlaufender Weg. Seien Sie die Architekten Ihres Schicksals und positive Veränderer in der Gesellschaft. Jeder Schritt, den Sie machen, ist ein Beitrag zum größeren Gewebe des Gemeinwohls.

Die Kraft ist in Ihnen:

Zum Schluss, erinnern Sie sich immer daran, dass die Kraft in Ihnen ist. Seien Sie eine Inspiration für andere, verbreiten Sie das Licht Ihrer individuellen Kraft und tragen Sie dazu bei, eine Zukunft zu schaffen, in der jeder gedeihen kann.

Danke, dass Sie Begleiter auf dieser Reise waren. Möge die Kraft immer Ihr Leuchtturm sein, Ihren Lebensweg erhellen und

andere inspirieren, das Gleiche zu
tun. Ihre Reise geht weiter. Die
Kraft ist in Ihnen. Vorwärts mit
Mut!

Federico Carminati

www.ingramcontent.com/pod-product-compliance
Lightning Source LLC
Chambersburg PA
CBHW031328250726
48656CB00005B/2017